CONTEN

MW01129785

© Copyright 1995 Behrman House, Inc.

ISBN: 0-87441-592-6
Manufactured in the United States of America

INTRODUCTION

OVERVIEW

This Diagnostic Reading Test takes 45-50 minutes to complete. It consists of six Black Line Masters (Parts A-F). The test concentrates on those areas that cause frequent difficulty and confusion. Administer the test when the students have learned all the Hebrew letters and vowels.

PREPARATION FOR TESTING

Familiarize yourself with the test instructions and questions. (You will find these on the pages marked TEACHER'S PAGE.) Photocopy each of the student tests marked A–F in the quantity you require. Each student should have a sharpened pencil with an eraser. Have extra pencils available. You may duplicate the sign on page 31 and hang it on the classroom door to discourage unnecessary interruptions.

ADMINISTERING THE TEST

Distribute the test Parts A-F. There are a total of 75 items on the six pages A-F. For each page read the directions aloud to the group. (The directions for each part of the test are printed in quotation marks on the pages marked TEACHER'S PAGE). Read slowly and clearly. Give students time to follow the directions. During the test, check to see that students understand the directions and are working the correct test item. Collect the completed tests.

CORRECTING AND SCORING

Correct the tests by checking against the answers circled on the pages marked TEACHER'S PAGE. Duplicate the CLASS SCORE SHEET (page 16). The sheet is sufficient for fifteen students. If you have more students in the class or if more than one class is being tested, duplicate accordingly. Enter each student's numerical score on the CLASS SCORE SHEET. The completed sheet will give you a profile of class achievement and will help you to see areas of general difficulty. When glancing down a column, if you see a general weakness reflected in low scores, you might remember a day when the class was not quite up to par. By glancing across a row, you can recognize individual departures from the class norm.

DIAGNOSING PROBLEMS AND PRESCRIBING REMEDIAL WORK

Duplicate a STUDENT DIAGNOSTIC/REMEDIATION RECORD (page 17) for each student tested. First, complete the general information on the right side of each record (Student's name, etc.). Then complete the Remedial Table. Moving across each row on the Remedial Table, shade-in each square containing an incorrect test answer. When you have finished, look down each of the thirteen columns on the table. If a shaded-in square appears in a column, the REMEDIAL WORKSHEET listed at the top of that column is required. Enter the required REMEDIAL WORKSHEETS on the designated line.

FINAL STEPS

Make a list of the REMEDIAL WORKSHEETS (pages 18-30) that you will need, and duplicate accordingly. Assign the necessary REMEDIAL WORKSHEETS to each student, keeping a careful record of successful completion dates. Re-test each student when reading remediation has been completed.

With this test, we seem to demand a perfect performance by each student. While this is a legitimate goal, it is, nonetheless, an unattainable expectation. Therefore, please view the REMEDIAL WORKSHEETS as an ideal way of reinforcement and drill. It will be advantageous if a child is assigned many worksheets to complete. The diagnosis record will, however, relieve the more fluent readers of unnecessary drill which can lead to boredom.

B'hatslaḥah!
Pearl G. Tarnor
Lillian W. Adler

TEACHER'S PAGE SOUND MATCH

Part A

Use this page to administer and score the test. To administer, read the directions in quotation marks aloud to the group. To score, see the circled answers. *(Do not duplicate this page. See next page for Student Test.)*

"Please turn to Part A. Write your name on the line. You will read and complete Part A by yourselves, but we will do the sample together. Look at the sample. Circle the Hebrew letter that has the same sound as the English letter in the box."

Sample

ח 4	ו 3	**ר** 2	כ 1	R

"Did you circle the letter in box number 2?" (Spot check students' answers.) "Now read lines 1-15 quietly and put a circle around the Hebrew letter that has the same sound as the English letter in the box. Put your pencil down when you have finished. Begin."

ת	ךְ	ר	**ד**	D	1
שׂ	ת	ם	שׁ	S	2
פּ	כ	**בּ**	תּ	B	3
ן	**ךְ**	ץ	ד	CH	4
ג	ז	ו	נ	G	5
ם	**ח**	ת	ה	CH	6
ח	מ	ל	**ט**	T	7
ח	ס	**ם**	ת	M	8
ז	נ	צ	ו	Z	9
ץ	**ף**	ן	ךְ	F	10
ה	ח	ת	א	H	11
מ	**צ**	א	ע	TS	12
ס	א	**מ**	ט	M	13
י	**ב**	כ	בּ	V	14
ךְ	ו	**ן**	י	N	15

Name ____________________

Part A

SOUND MATCH

Sample

ח 4	ו 3	ר 2	כ 1	R

ת	ךְ	ר	ד	D	1
שׂ	ת	ם	שׁ	S	2
פּ	כּ	בּ	תּ	B	3
ן	ךְ	ץ	ד	CH	4
ג	ז	ו	נ	G	5
ם	ח	ת	ה	CH	6
ח	מ	ל	ט	T	7
ח	ס	ם	ת	M	8
ז	נ	צ	ו	Z	9
ץ	ף	ן	ךְ	F	10
ה	ח	ת	א	H	11
מ	צ	א	ע	TS	12
ס	א	מ	ט	M	13
י	ב	כ	בּ	V	14
ךְ	ו	ן	י	N	15

TEACHER'S PAGE LETTER RECOGNITION

Part B

Use this page to administer and score the test. To administer, read the directions in quotation marks aloud to the group. To score, see the circled answers. *(Do not duplicate this page. See next page for Student Test.)*

"Please turn to Part B. Write your name on the line. There are 15 lines of Hebrew letters. There are 4 letters on each line. I will say the sound of a letter and you will put a circle around the letter that has that sound. I will say the sound of the letter only once, so listen very carefully. We will do the sample together. Put a circle around 'V' (say the sound, not the name of the letter)."

Sample

ג 4	ם 3	א 2	**(ב)** 1

"Did you circle the letter in box number 1?" (Spot check students' answers.) Now say the number of each line and the sound of the letter circled.

ת	ט	**(מ)**	צ	16
(ק)	ךְ	כ	בּ	17
נ	**(ג)**	בּ	ה	18
(שׁ)	ט	ס	שׂ	19
ח	ר	**(ה)**	א	20
ע	ו	י	**(ז)**	21
(כ)	ץ	כּ	ב	22
ו	ר	ל	**(נ)**	23
ע	ק	**(צ)**	ג	24
ר	ן	ךְ	**(ד)**	25
א	**(ת)**	מ	ח	26
כ	ט	ם	**(ס)**	27
י	ע	**(ו)**	ז	28
(ץ)	ע	ן	ט	29
ן	**(ף)**	ץ	ךְ	30

Sample

4	3	2	1
ג 4	ם 3	א 2	ב 1

ת	ט	מ	צ	16
ק	ךְ	כ	בּ	17
נ	ג	בּ	ה	18
שׂ	ט	ס	שׁ	19
ח	ר	ה	א	20
ע	ו	י	ז	21
כ	ץ	כּ	ב	22
ו	ר	ל	נ	23
ע	ק	צ	ג	24
ר	ן	ךְ	ד	25
א	ת	מ	ח	26
כ	ט	ם	ס	27
י	ע	ו	ז	28
ץ	ע	ן	ט	29
ן	ף	ץ	ךְ	30

Use this page to administer and score the test. To administer, read the directions in quotation marks aloud to the group. To score, see the circled answers. *(Do not duplicate this page. See next page for Student Test.)*

"Turn to Part C. Write your name on the line. Each line in Part C has 4 alefs. Under each alef there is a vowel. Put a circle around the vowel sound you hear me say. I'll say the vowel sound only once, so listen carefully. We will do the sample together. Put a circle around 'AH'."

Sample

אָ 4	אִ 3	(אָ) 2	אֱ 1

"Did you put a circle around the vowel in box number 2?" (Spot check students' answers.) Now say the number of each line and the sound of the vowel circled.

אַ	אוֹ	(אוֹ)	אִ	31
אֲ	(אְ)	אֵ	אֶ	32
אַ	אֵ	אָ	(אִי)	33
אִ	אֵ	(אַ)	אָ	34
(אוֹ)	אִ	אוֹ	אֶ	35
אֱ	(אֵי)	אִי	אַ	36
(אִי)	אָ	אַ	אֲ	37
אִי	אִ	אוּ	(אוֹי)	38
אוֹ	(אֱ)	אֶ	אָ	39
(אִ)	אְ	אֹ	אֵ	40

8

Name ____________________

Part C

VOWEL SOUNDS

Sample

אֵ 4	אִ 3	אָ 2	אֶ 1

אַ	אוּ	אוֹ	אִ	31
אְ	אֶ	אֻ	אָ	32
אְ	אֵ	אֶ	אִי	33
אִ	אֵ	אַ	אֶ	34
אוּ	אֹ	אוֹ	אֶ	35
אֻ	אֵי	אִי	אַ	36
אַי	אָ	אַ	אֲ	37
אִי	אֹ	אוּ	אוֹי	38
אוֹ	אֻ	אֶ	אָ	39
אֹ	אֱ	אְ	אֵ	40

Use this page to administer and score the test. To administer, read the directions in quotation marks aloud to the group. To score, see the circled answers. *(Do not duplicate this page. See next page for Student Test.)*

"Turn to Part D. Write your name on the line. We will do the sample together. Look at the word in the box. Now put a circle around the word that has the *same sound* as the word in the box."

Sample

בּוֹ ³	(בָּה ²)	¹ בָּאָה	בָּא

"Did you circle the word in box number 2?" (Spot check students' answers.) "Now read lines 41-50 quietly and put a circle around the word that has the same sound as the word in the box. Put your pencil down when you have finished. Begin."

רָצוּ	(רָאוּ)	רָבוּ	רְעוּ	41
(מָצָא)	מָצְאוּ	צָמְה	מָצָה	42
בֵּין	חֵן	(קֵן)	כֵּן	43
(לוֹ)	לוּ	לָה	לֹא	44
נָא	(עָנִי)	אָנָה	אֲנִי	45
(סָם)	שָׁם	שִׂים	שָׁם	46
עַם	אָב	(אַךְ)	אָח	47
חֲמֹר	(מָכַר)	מַהֵר	מָחָר	48
(תּוֹעֶה)	מוֹרֶה	תּוֹדָה	טוֹעֶה	49
(קָבַע)	כּוֹבַע	כְּאֵב	קֹוֶה	50

Part D

WORD MATCH

Name ____________________

Sample

בָּא	1 בָּאָה	2 בָּה	3 בּוֹ

41	רָעוּ	רָבוּ	רָאוּ	רָצוּ
42	מַצָה	צָמָה	מָצְאוּ	מָצָא
43	כֵּן	קֵן	חֵן	בֵּין
44	לֹא	לָה	לוּ	לוֹ
45	אֲנִי	אָנָה	עָנִי	נָא
46	שָׁם	שִׂים	שָׁם	סַם
47	אָח	אַךְ	אָב	עַם
48	מָחָר	מַהֵר	מָכַר	חֹמֶר
49	טוֹעֶה	תּוֹדָה	מוֹרֶה	תּוֹעֶה
50	קָוָה	כְּאֵב	כּוֹבַע	קָבַע

TEACHER'S PAGE LETTER DISCRIMINATION

Part E

Use this page to administer and score the test. To administer, read the directions in quotation marks aloud to the group. To score, see the circled answers. *(Do not duplicate this page. See next page for Student Test.)*

"Turn to Part E. Write your name on the line. I will say the sound of a letter. Put a circle around the word that *begins* with the sound of the letter you hear. Let's do the sample together. Put a circle around the word that begins with 'T' (say the sound, not the name of the letter)."

Sample

(תֵּל)	3	חַיִל	2	הֵם	1

"Did you circle the word in box number 3?" (Spot check students' answers.) Now say the number of each line and the sound of the letter circled.

קָם	(רֵשׁ)	דָשׁ	51
(נֵר)	גָר	וָעֶד	52
חַם	(הֵם)	תָּם	53
אִם	עַם	(צָם)	54
מָלַל	סַל	(טַל)	55
יוֹם	וְהוּא	(זְמַן)	56
(כַּר)	בּוֹר	פָּר	57
צָם	(שָׁם)	שֵׁשׁ	58
אָב	(וָו)	יָוָן	59
(פְּרִי)	כְּלִי	בְּנִי	60

Name ______________________________

LETTER DISCRIMINATION

Sample

1	הֵם	2	חַיִל	3	תֵּל

51	דָשׁ	רֵשׁ	קָם
52	וָעֶד	גָר	נֵר
53	תָּם	הֵם	חַם
54	צָם	עַם	אִם
55	טַל	סַל	מָלַל
56	זְמַן	וְהוּא	יוֹם
57	פָּר	בּוֹר	כַּר
58	שֵׁשׁ	שָׁם	צָם
59	יָוָן	וָו	אָב
60	בְּנִי	כְּלִי	פְּרִי

TEACHER'S PAGE WORD RECOGNITION

Part F

Use this page to administer and score the test. To administer, read the directions in quotation marks aloud to the group. To score, see the circled answers. *(Do not duplicate this page. See next page for Student Test.)*

"Turn to Part F. Write your name on the line. Part F is the last page of the test. I will read one of the words on each line. I will read the word twice. Put a circle around the word I read. Let's do the sample together. Draw a circle around the word *BAYIT — BAYIT.*"

Sample

1	2	3
בַּיִת	בַּת	בֵּית

"Did you circle the word in box number 1?" (Spot check students' answers.) Now say the number of each line and the word circled. Be sure to read the circled word twice.

61	**עֶרֶב**	אַרְבַּע	עֵרוּב
62	חָמֵשׁ	**חֲדֵשׁ**	חֹדֶשׁ
63	**שָׂמֵחַ**	שְׁמֵךְ	שְׂמֵחָה
64	כִּסֵא	בִּימָה	**כִּיס**
65	אָלוּף	מָכוֹן	**מָלוֹן**
66	**מַצָה**	צָמָה	מִטָה
67	קָדוֹשׁ	קְדֻשָׁה	**קִדוּשׁ**
68	פָּנָיו	בְּנוֹ	**בָּנוּי**
69	פָּחוֹת	פְּתִיחָה	**פּוֹתֵחַ**
70	אָנוּחַ	**עֵינֶיךָ**	עֵינֶיהָ
71	גִּדוּל	**גְּדֻלָה**	גְּדוֹלָה
72	עוֹנָה	**עוֹזֵר**	עוּץ
73	**מִקְרָאֵי**	מִקְרָא	מָקוֹר
74	מִצְוֹתַי	**מִצְוֹתָיו**	מִצְוֹת
75	אַחֲרֵי	מָכַר	**אַחֲרַי**

WORD RECOGNITION

Sample

1 בַּיִת	2 בַּת	3 בֵּית

61	עֶרֶב	אַרְבַּע	עֵרוּב
62	חָמֵשׁ	חֲדֵשׁ	חֹדֶשׁ
63	שָׂמֵחַ	שְׁמֵךְ	שְׂמֵחָה
64	כִּסֵא	בִּימָה	כִּיס
65	אָלוּף	מָכוֹן	מָלוֹן
66	מַצָה	צָמָה	מִטָה
67	קָדוֹשׁ	קְדֻשָׁה	קִדוּשׁ
68	פָּנָיו	בְּנוֹ	בָּנוּי
69	פָּחוֹת	פְּתִיחָה	פּוֹתֵחַ
70	אָנוּחַ	עֵינֶיךְ	עֵינֶיהָ
71	גִדוּל	גְדֻלָה	גְדוֹלָה
72	עוֹנָה	עוֹזֵר	עוּץ
73	מִקְרָאֵי	מִקְרָא	מָקוֹר
74	מִצְוֹתַי	מִצְוֹתָיו	מִצְוֹת
75	אַחֲרֵי	מָכַר	אַחֲרַי

CLASS SCORE SHEET

Class _____   Teacher _____

Date _____   School _____

STUDENTS' NAMES	A Sound Match	B Letter Recognition	C Vowel Sounds	D Word Match	E Letter Discrimination	F Word Recognition	TOTAL
PERFECT SCORE:	15	15	10	10	10	15	75

TOTAL NUMBER OF CORRECT ANSWERS	75	70-74	65-69	55-64	45-54	Below 44
ACHIEVEMENT LEVEL	Perfect	Excellent	Good	Average	Below Average	Poor

STUDENT DIAGNOSTIC/REMEDIATION RECORD

Student's Name _____

Teacher _____

Class _____ Date _____

TEST ANSWERS

REMEDIAL TABLE

REMEDIAL WORKSHEETS

Reading down each numbered column (1–13) of the remedial table, the test question numbers that appear are:

1	2	3	4	5	6	7	8	9	10	11	12	13
1	2	6	69	11	13	7	8	9	3	4	14	36
5		26	70	12	16	48	27	28	21	10	15	37
18		63		20	24	72	46	32	22	17	31	38
19				53	41		49	50	29	25	71	39
23				54	42		56	59	30	33	73	40
51				55	45		57	60	35	34		75
52				58	66		74		43	44		
									61	47		
									64	62		
									65	67		
										68		

Shade in each square that contains the number of a question the student answered wrong.

To find the remedial worksheet required, simply look at the top of the column in which each shaded number appears.

Enter numbers of required REMEDIAL WORKSHEETS here:

REMEDIAL WORKSHEET	DATE ASSIGNED	DATE COMPLETED	TEACHER COMMENTS

WORKSHEET 1

R ר	D ד

Name ______________________________

Two letters in each row are different. Cross out the two letters that do not belong.

ר ר ד ר ר ר ר ר ד ר ר ר

ד ד ד ר ד ד ד ד ד ר ד ד

Draw a circle around each letter that has the saying sound of D:

ר ד ר ד ד ד ד ר ד ר ד ר ד

Draw a circle around each letter that has the saying sound of R:

ר ד ד ר ד ר ר ד ר ר ד ר

דֶ רֱ רַ דוֹ רִי דָ דִי רָ — Circle REE

רָ דוּ דֶ רְ דֵ דַ רֱ רֹ — Circle DAH

רִ דֵ דֱ דוּ רֶ רָ רְ דֶ — Circle REH

These words contain the letters you have been drilling.
Practice them with a classmate or read them to your teacher.

1 רַב רַבָּה בַּר בָּרְכוּ בָּרוּךְ בָּרוּר

2 דוֹד דוֹדִי דוֹר וְדוֹר תָּמִיד תּוֹדָה

3 עֶרֶב עוֹזֵר קִדּוּשׁ קָדוֹשׁ נוֹרָא וָעֶד

4 דֶּרֶךְ דַּרְכֵי נִדְרֵי דֶּבֶר דָּבָר אַדִּיר

WORKSHEET 2

G ג	N נ

Name ______________________

Two letters in each row are different. Cross out the two letters that do not belong.

ג ג ג נ ג ג ג ג נ ג ג ג

נ נ ג נ נ נ נ נ נ נ ג נ

Draw a circle around each letter that has the saying sound of G:

ג ג ג ג נ נ ג נ נ ג ג נ

Draw a circle around each letter that has the saying sound of N:

נ נ ג נ ג נ נ ג ג נ ג נ

Circle GEH	גַ	גֹ	נֶ	נָ	גֶ	גִי	גֵ	נַ
Circle NEE	נָ	נוּ	גַ	נוֹ	גֶ	גַ	נֶ	נִי
Circle NO	נוֹ	נוּ	גִי	נֶ	גָ	נִ	נֵ	גַ

These words contain the letters you have been drilling.
Practice them with a classmate or read them to your teacher.

1 גָדוֹל גִבּוֹר גוֹאֵל גַם מָגֵן מְגִלָּה

2 נָעִים נֶפֶשׁ נוֹתֵן נָתַן אֲנִי אֲנַחְנוּ

3 הַגָּפֶן הַנָּבִיא גֶבֶר בְּנֵי בֵּינִי גְמִילוּת

4 עֹנֶג נֶגֶב נֶגֶד נִשְׂגָּב גַּפְנוֹ וְהִגִּיעָנוּ

WORKSHEET 3

Name ______________________________

S שׂ	SH שׁ

Two letters in each row are different. Cross out the two letters that do not belong.

שׁ שׁ שׁ שׂ שׁ שׁ שׁ שׂ שׁ שׁ שׁ שׁ

שׂ שׂ שׁ שׂ שׂ שׁ שׂ שׂ שׂ שׂ שׂ שׂ

Draw a circle around each letter that has the saying sound of SH:

שׁ שׁ שׂ שׁ שׂ שׂ שׁ שׁ שׁ שׂ שׂ שׁ

Draw a circle around each letter that has the saying sound of S:

שׂ שׂ שׂ שׁ שׁ שׂ שׂ שׁ שׁ שׁ שׁ שׂ

שֶׁ שִׁ שָׁ שׁוֹ שׁוּ שִׁ שַׁ שֻׁ Circle SHAH

שָׁ שֶׁ שַׁ שִׁי שְׁ שִׁי שֻׁ שֵׁי Circle SEE

שִׁי שָׁ שׁוּ שַׁ שׁוּ שֻׁ שׁוֹ שֶׁ Circle SHOO

These words contain the letters you have been drilling.
Practice them with a classmate or read them to your teacher.

1 שָׁלוֹם שְׁמַע שְׁמוֹ שֵׁם שֵׁשׁ שֵׁשֶׁת

2 שָׂם שַׂמְתִּי שִׂים תָּשִׂים שָׂשׂוֹן שְׂאוּ

3 מֹשֶׁה מוֹשִׁיעַ שָׂמֵחַ שִׂמְחָה רֹאשׁ שָׁלֹשׁ

4 עֹשֶׂה לַעֲשׂוֹת שֶׁעָשָׂה שֶׁעָשִׂיתָ וַעֲשִׂיתֶם יִשְׂרָאֵל

WORKSHEET 4

CH ח	T ת

Name ______________________________

Two letters in each row are different. Cross out the two letters that do not belong.

ת ת ת ח ת ת ת ת ח ת ת ת

ח ח ת ח ח ח ח ח ח ח ת ח

Draw a circle around each letter that has the saying sound of T:

ת ת ת ת ח ח ת ח ת ח ח ת

Draw a circle around each letter that has the saying sound of CH:

ח ח ת ת ח ת ח ח ח ת ת ח

חַ חוֹ תֵ חֶ תוּ חֱ חָ תֶ Circle CHEH

תִ תֵ חַ תָ חוֹ חָ תוּ תִ Circle TAH

תוֹ חָ חִ תוּ תֶ תַ חוּ תָ Circle TOO

These words contain the letters you have been drilling.
Practice them with a classmate or read them to your teacher.

1 שַׁבָּת סֻכּוֹת אָבוֹת לַעֲשׂוֹת תּוֹרַת תּוֹרָתוֹ

2 חָבֵר חֲבֵרִים אַחִים חֻקִּים אֲנַחְנוּ שָׂמֵחַ

3 בַּיִת חַיִּים אַהֲבַת שֶׁנָּתַתָּ הַבַּיְתָה יוֹדַעַת

4 אַחַת תַּחַת שִׂמְחַת תּוֹרָה פּוֹתֵחַ עִבְרִית

WORKSHEET 5

Name ________________________________

CH ח	H ה

Two letters in each row are different. Cross out the two letters that do not belong.

ה ה ה ה ח ה ה ה ח ה ה ה

ח ח ח ח ח ח ה ח ח ח ה ח

Draw a circle around each letter that has the saying sound of H:

ה ה ה ה ח ח ח ה ח ה ה ח

Draw a circle around each letter that has the saying sound of CH:

ח ח ה ח ח ה ח ה ה ח ה ח

הִי הֶ הָ חֵי חַ הֵי חֶ הוּ Circle HAY

חוֹ חֶ הִי חוּ הַ הוּ חֹ חְ Circle CHOO

הֵ חוֹ חַ הוּ הָ הִי חַ הֶ Circle HAH

These words contain the letters you have been drilling.
Practice them with a classmate or read them to your teacher.

1 הוּא הִיא חַג הָהֵם הַזֶּה חָזָק חָכָם

2 מַהֵר טַהֵר אֶחָד אַחַת בָּחַר הִנֵּה אוֹרְחִים

3 חֹדֶשׁ אֱלֹהֵי לֶחֶם לֶקַח אַהֲבַת שִׂמְחָה הַלַּיְלָה

4 חֲנֻכָּה מְנוּחָה תְּהִלָּה תְּחִלָּה לְהַתְחִיל שֶׁהֶחֱיָנוּ

WORKSHEET 6

Name ______________________

TS צ	SILENT ע

Two letters in each row are different. Cross out the two letters that do not belong.

ע ע ע ע צ ע ע צ ע ע ע ע

צ צ ע צ צ צ צ צ צ ע צ צ

Draw a circle around each letter that has the saying sound of TS:

צ צ ע צ צ ע ע ע צ צ ע צ

Draw a circle around each letter that is silent:

ע ע צ ע ע ע ע צ ע צ צ ע

עַ צָ צוֹ עוּ עֵי צְ צֵי עֶ Circle AY

צוֹ עָ עוּ צַ צֻ צֶ עֲ צֵי Circle TSAH

צֶ צוֹ צוּ עַ צָ עוּ צֵי צַ Circle TSOO

These words contain the letters you have been drilling.
Practice them with a classmate or read them to your teacher.

1 עַם עַל עַד עוֹד עֶרֶב אֹזֶן עֹנֶג עַיִן

2 רוֹצֶה רָצוֹן אַרְצוֹת מִצְוָה צְדָקָה בֵּיצָה

3 מוֹשִׁיעֵנוּ עָלֵינוּ עֶלְיוֹן עוֹזֵר עוֹלָם עֶזְרֵנוּ

4 צֶדֶק הוֹצִיאָנוּ צִיוֹן רְצֵה יוֹצֵר הַמּוֹצִיא צְפַרְדֵּעַ

WORKSHEET 7

T ט	M מ

Name ______________________________

Two letters in each row are different. Cross out the two letters that do not belong.

מ מ מ מ ט מ מ מ ט מ מ מ

ט ט ט מ ט ט ט ט ט מ ט ט

Draw a circle around each letter that has the saying sound of M:

מ מ מ מ ט ט מ ט מ מ מ ט

Draw a circle around each letter that has the saying sound of T:

ט ט מ ט מ מ ט מ מ ט ט מ

מֶ מוּ טֶ טַ מוֹ מֵ מָ טוֹ — Circle MO

טֵי מֶ טִי מָ טַ טוֹ מִי טֶ — Circle TEE

מִ מוּ מָ טֶ טַ מֶ טִי טוֹ — Circle MEH

These words contain the letters you have been drilling.
Practice them with a classmate or read them to your teacher.

1 טוֹב טוֹבָה שְׁבָט טֵבֵת טַל טַלִּית נָטַע

2 מֶלֶךְ מַלְכֵּנוּ מַה אוֹמֵר וְאִמְרוּ הַמְבֹרָךְ

3 הַפְטָרָה מְנוֹרָה יִמְלֹךְ לְמַעַן יָמִים יָמֵינוּ

4 מִשְׁפָּט מִבְטָח מַפְטִיר לְמַטָּה מַטְבִּילִין מִטּוּבְךָ

WORKSHEET 8

Name ______________________________

M ם	S ס

Two letters in each row are different. Cross out the two letters that do not belong.

ס ס ס ס ם ס ס ס ם ס ס ס

ם ם ם ס ם ם ם ס ם ם ם ם

Draw a circle around each letter that has the saying sound of S:

ס ס ס ס ם ם ס ם ס ס ם ס

Draw a circle around each letter that has the saying sound of M:

ם ס ם ם ס ם ם ס ם ס ם ם

Circle EEM	אָם וֹם אִים עַם עֶם אִיס
Circle SOO	סוֹ אוּם סוּ סָ עַם סֶ
Circle SAY	סִי סוֹ סֶ עֵם סֵי אִם

These words contain the letters you have been drilling.
Practice them with a classmate or read them to your teacher.

1 עַם גַם דַם בָּם יָם יוֹם הַיוֹם הֵם

2 סֻכּוֹת סְלִיחוֹת סְבִיבוֹן אָסוּר מִסְפָּר מְסַדֵּר

3 עוֹלָם שָׁלוֹם חַיִים אַחִים נָעִים בָּאִים עֲלֵיכֶם

4 חֶסֶד חַסְדּוֹ חֲסָדִים נֵס נִסִים סֵפֶר סְפָרִים

WORKSHEET 9

Z ז	V ו

Name ______________________________

Two letters in each row are different. Cross out the two letters that do not belong.

ו ו ו ז ו ו ו ו ז ו ו ו

ז ז ו ז ז ז ז ז ז ו ז ז

Draw a circle around each letter that has the saying sound of V:

ו ו ז ז ו ז ו ו ז ז ו ז

Draw a circle around each letter that has the saying sound of Z:

ז ו ו ז ו ו ז ז ז ו ז ו

וּ זָ זוֹ וַ וְ זוּ וֵי וְ Circle VAH

וָ זוֹ זֶ זַ וּ וַ זוּ זֹ Circle ZOO

זִי וֵי וֶ זֵי זוּ זֶ וַ זָ Circle ZAY

These words contain the letters you have been drilling.
Practice them with a classmate or read them to your teacher.

1 מִצְוָה צִוָּה וְצִוָּנוּ כִּסְלֵו כַּוָּנָה יְוָנִים

2 זֶה הַזֶּה זֹאת זֵכֶר זִכָּרוֹן מִזְרָח מָזוֹן זָן

3 וְנָתַן וְרָצָה זְמַן בִּזְמַן לַזְּמַן וַתִּתֵּן יַחְדָּו

4 מְזוּזָה תִּקְוָה הַתִּקְוָה זוּזִים זְרוֹעַ מָעוֹז צוּר

WORKSHEET 10

Name ____________________

K כּ	CH כ	B בּ	V ב

Two letters in each row are different. Cross out the two letters that do not belong.

בּ בּ בּ כּ בּ בּ בּ בּ בּ בּ כּ בּ

כ ב כ כ כ כ כ כ כ ב כ כ

Draw a circle around each letter that has the saying sound of B:

בּ בּ ב כּ בּ כ בּ בּ כּ כּ בּ ב

Draw a circle around each letter that has the saying sound of K:

כּ בּ כ כּ כּ ב כּ בּ כ כּ כּ בּ

בָ בַּ כוֹ כָּ כֶּ בְּ כֶּ בֶּ — Circle KAH

בוּ בָּ בּוֹ כּוּ בֶּ בּוּ כְ בֹּ — Circle BOO

בִי כְ בֵּי בֶּ כֵי בוֹ בֵי כֶ — Circle VAY

These words contain the letters you have been drilling.
Practice them with a classmate or read them to your teacher.

1 כָּל מִכָּל הַכֹּל בַּלֵּבָב בִּדְבָרוֹ אֲבָל אָכַל

2 בְּבֵית בְּכָל וּבְכָל בָּרְכוּ בָּרְכוּנִי בּוֹאֲכֶם בְּתוֹכֵנוּ

3 כְּבוֹד כָּתוּב כָּבֵד כִּבֵּד כָּמֹכָה כּוֹכָבִים מַכַּבִּי

4 הַבְּרָכָה וּבְרָכָה לְכָבוֹד לְבַבְכֶם בְּנֵיכֶם כְּמַלְכֵּנוּ

WORKSHEET 11

Name ____________________

CH ךְ	N ן	M ם
F ף	TS ץ	CHAH ךָ

Circle the FINAL LETTERS that make the sound of the English letter in the box.

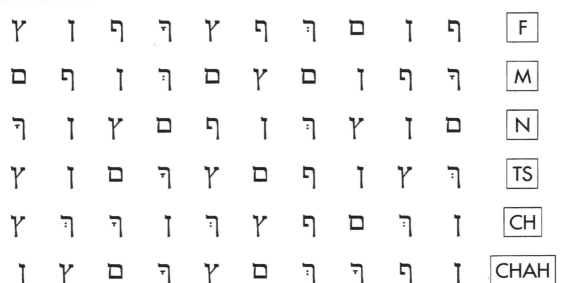

ץ ן ף ךָ ץ ף ךְ ם ן ף **F**

ם ף ן ךְ ם ץ ם ן ף ךָ **M**

ךָ ן ץ ם ף ן ךְ ץ ן ם **N**

ץ ן ם ךָ ץ ם ף ן ץ ךְ **TS**

ץ ךְ ךָ ן ךְ ץ ף ם ךְ ן **CH**

ן ץ ם ךָ ץ ם ךְ ךָ ף ן **CHAH**

Write the saying sound next to each FINAL LETTER:

( ) ץ ( ) ף ( ) ךָ ( ) ן ( ) ם ( ) ךְ

( ) ךָ ( ) ם ( ) ךְ ( ) ץ ( ) ן ( ) ף

These words contain the FINAL LETTERS you have been drilling. Practice them with a classmate or read them to your teacher.

1 מֶלֶךְ בָּרוּךְ לָךְ לְךָ שִׁמְךָ יָדְךָ

2 מָגֵן קֶרֶן עֶלְיוֹן יוֹם שָׁלוֹם וְקַיָּם

3 חָמֵץ הָאָרֶץ עֵץ כַּף סוֹף רוֹדֵף

WORKSHEET 12

OO וּ	O וֹ

Name ______________________

Two vowels in each row are different. Cross out the two vowels that do not belong.

וּ וּ וּ וֹ וּ וּ וּ וּ וֹ וּ וּ וּ

וֹ וֹ וּ וֹ וֹ וֹ וֹ וּ וֹ וֹ וֹ וֹ

Draw a circle around each vowel that has the saying sound of O:

וֹ וֹ וּ וֹ וּ וּ וֹ וֹ וּ וּ וֹ וֹ

Draw a circle around each vowel that has the saying sound of OO:

וּ וּ וֹ וֹ וּ וֹ וּ וּ וּ וֹ וּ וֹ

גוּ	נוֹ	ווּ	נוּ	נִ	נֹ	גוֹ	נָ	Circle NOO
ווֹ	אוֹ	יוֹ	טוֹ	בּוֹ	יוּ	אוֹי	אוּ	Circle YO
צוֹ	טוּ	צוּ	מוּ	אוֹ	טוֹ	מוֹ	אוּ	Circle MO

These words contain the vowels you have been drilling.
Practice them with a classmate or read them to your teacher.

1 יוֹם טוֹב תּוֹרָה שָׁלוֹם בּוֹרֵא עוֹלָם הַמּוֹצִיא

2 הוּא צוּר טוּב לָנוּ בָּנוּ דַּיֵּנוּ אֲנַחְנוּ פּוּרִים

3 גָּדוֹל גּוֹאֵל זוּזִים צִיּוֹן סִדּוּר קִדּוּשׁ קָדוֹשׁ תּוֹרָתוֹ

4 וּבְכָל וּמַה וּדְבַר הוֹדוּ טוּבוֹ מַלְכוּתוֹ אֲדוֹנֵינוּ

WORKSHEET 13

Name ______________________________ **ALL VOWELS**

SILENT or UH	EH	U	EE	IH	OO	O	AY	AH
◌ְ	◌ֶ	◌ֻ	◌ִי ◌ִ	◌ִ	וּ	וֹ	◌ֵי ◌ֵ ◌ֵ	◌ָ ◌ַ

◌ָ ◌ִי ◌ַי ◌ַ ◌ִי ◌ֶ ◌ֵי ◌ִי — Circle the EE sound

◌ִ ◌ְ ◌ֶ ◌ִ ◌ֶ ◌ֻ ◌ְ ◌ֶ — Circle the EH sound

◌ֵ ◌ֶ ◌ֵי ◌ִ ◌ֵ ◌ֶ ◌ְ ◌ֵי — Circle the AY sound

וֹ ◌ְ וֹ ◌ָ ◌ַ ◌ֶ וּ וֹ — Circle the O sound

Write the Hebrew VOWEL to correctly read each of the sounds:

CHOO	KU	YIH	TEE	CHEE	ZAH	V	HAY	DEH	GO	VOO	BAH	AH
כ	כּ	י	ט	ח	ז	ו	ה	ד	ג	ב	בּ	א

TOO	SO	SHAH	RAY	KIH	TSEH	F	PAH	O	SEH	NAY	MAH	LOO
תּ	שׂ	שׁ	ר	ק	צ	פ	פּ	ע	ס	נ	מ	ל

These words contain all the VOWELS you have been drilling.
Practice them with a classmate or read them to your teacher.

1 בַּר יָד זֶה קֶרֶן נֵר אֵין

2 הוּא חֻמָשׁ שְׁמַע פְּרִי גוֹי

3 כִּי יִשְׂרָאֵל תָלוּי דַי אֲדוֹנָי

TEST IN PROGRESS....

PLEASE DO NOT DISTURB.

NOTES